Italienische Klassiker

Rezepte für la dolce vita

> Autorin: Margit Proebst | Fotos: Jörn Rynio

Inhalt

Die Theorie

Die Rezepte

Eine klassische Liebesgeschichte

Unsere Liebe zu Italien gilt von jeher nicht nur den zauberhaften Landschaften und ihren freundlichen, temperamentvollen Bewohnern, nein, diese Liebe ist eindeutig auch kulinarischer Natur.

Seit in den 1960er-Jahren die Reisewelle nach dem Süden einsetzte, seit hierzulande die ersten Ristoranti eröffneten, hat die Cucina italiana unsere Gaumen im Sturm erobert. In diesem Band finden Sie beliebte Rezepte, die sich längst als »Klassiker« etabliert haben.

Typisch italienisch

1 | Die Regionen

Jede Region Italiens hat ihre Spezialitäten und fast jede Hausfrau ihr Geheimrezept. Da ist es gar nicht so einfach, aus der Fülle leckerer Traditionsgerichte eine Auswahl zu treffen. Zu den Küchen-Highlights des Piemont und der Emilia-Romagna gehören sicher Spinat-Ricotta-Gnocchi (Seite 32), Safranrisotto (Seite 30), Polenta (Seite 30) und Schmorbraten in Rotwein (Seite 48). Venedig steuert die Rezepte für Kalbsleber (Seite 42) und *Cicchetti* (Seite 6–7), feine Häppchen zum Wein, bei. Aus der Toscana stammen einige der Fischrezepte (Seite 37–41), aus Rom unter anderem Saltimbocca (Seite 37) und Geschmortes Milchlamm (Seite 46). Auch wenn sie heute überall zu bekommen ist – die Pizza (Seite 35) ist eine neapolitanische Spezialität. Und aus Sizilien, die Küche lässt bereits deutlich nordafrikanische Einflüsse erkennen, stammt der Couscous mit Meeresfrüchten (Seite 40).

1 *Gemüsemärkte in Italien: Frische Vitamine in Hülle und Fülle*

2 | Die Zutaten

Die italienische Küche ist eher puristisch geprägt: Gute Qualität und Frische haben oberste Priorität, Gewürze und Zubereitungsart unterstützen den Eigengeschmack, überdecken ihn aber nicht. So werden frische Kräuter zwar reichlich verwendet, allerdings meist jedes für sich, seltener gemischt, um jedem Gericht eine eindeutige Note zu geben.
Für die klassische Tomatensauce (Seite 21) brauchen Sie nichts mehr als reife aromatische Tomaten, bestes Olivenöl »extra vergine« (d. h. aus der ersten Kaltpressung), dazu Zwiebeln, Knoblauch, Salz, Pfeffer und eine Hand voll frischer Basilikumblätter.
Auch bei Fleisch- und Fischgerichten kommen selten mehr als ein oder zwei Kräuter oder Gewürze zum Einsatz, oft reichen schon etwas Zitronensaft und Olivenöl, um das natürliche Aroma wirkungsvoll hervorzuheben.
Wegen der hochwertigen Zutaten gilt die italienische Küche als gesund: Ausgezeichnetes Olivenöl, frischer Seefisch, reichlich Gemüse, knackige Salate und sonnengereiftes Obst kommen regelmäßig auf den Tisch – alles gute Gründe, um öfters ein paar »italienische« Tage einzulegen.

3 | Das Menü

In Italien nimmt man sich viel Zeit zum Essen, auch im Alltag werden Sie mittags in den *Osterie* und *Trattorie* Menschen beobachten können, die ihre Mittagspause genießen und in aller Ruhe ihr Menü verspeisen: Zum *Primo piatto* (1. Gang) eine Suppe, ein Teller Pasta oder

2 In einer richtig guten Pasticceria gibt es alles zum Caffè

Risotto. Als *Secondo piatto* (2. Gang) folgt eine kleine Portion Fisch oder Fleisch, oft geschmort in würziger Sauce, die genüsslich mit frischem Weißbrot aufgetunkt wird. *Contorni* – das sind hauptsächlich gedünstete Gemüsegerichte, die als Beilagen oder als eigenständige Mahlzeit serviert werden. Beliebt sind der aromatische großblättrige Spinat, Fenchel, Spargel, Zucchini, Auberginen oder junge Artischocken, um nur einige Beispiele aus der überwältigenden Palette an Gemüsebeilagen zu nennen.

Bei den *Dolci* (Nachspeisen) lieben es die Italiener süß und üppig – der Himmel für alle Süßschnäbel. Selbst im Alltag gibt es zum Abschluss zumindest einen Pudding oder frische, reife Früchte.

Wer es eilig hat, geht in eine *Bar* und genehmigt sich dort ein *Tramezzino* (gefüllte Weißbrotecke) oder ein *Panino caldo* (knusprig getoastetes, belegtes Brötchen).

Geht man abends aus, kann das Menü dagegen etwas edler und umfangreicher ausfallen: Zum Aperitif gibt es knusprige *Crostini*. Dann wählt man köstliche *Antipasti* aus der Vitrine aus. Damit das Menü nicht zu üppig wird, kann die Portion Pasta kleiner ausfallen – die Bestellung halber Portionen ist überall möglich. Danach bleibt garantiert noch Platz für etwas Fisch oder Fleisch, vom Grill oder aus der Pfanne, oder ein feines Schmorgericht. Obst und/oder Käse zum Dessert runden das Menü ab.

Wenn Sie in Italien nach Hause eingeladen werden, verwöhnt Sie die Gastgeberin auch mit einem Menü, dabei können Sie gerne das Dessert als Gastgeschenk mitbringen: z. B. eine *Zuppa inglese* (Seite 54), *Profiteroles* (schokoladeüberzogene, gefüllte Brandteigbällchen) oder *Cannoli* (cremegefüllte Gebäckröllchen) aus einer guten *Pasticceria* (Konditorei).

4 | Die Getränke

Zum Auftakt eines festlichen Menüs nimmt man einen Aperitif: Das kann ein Campari oder Aperol sein, mit Soda oder Orangensaft, oder ein Glas Prosecco.

Zum Essen trinken Italiener neben Wasser gerne etwas Wein – nicht viel und auch nur zum Essen. Doch welcher Wein passt am besten? Im Zweifel halten Sie sich an die Faustregel: Weißwein zu Fisch und hellem Fleisch, Rotwein zu dunklem Fleisch. Doch keine Regel ohne Ausnahme: In den Livorneser Fischeintopf (Seite 40) gehört traditionell Rotwein und man trinkt ihn auch dazu – das schmeckt fabelhaft! Selten gehen Sie fehl, wenn der Wein aus derselben Region stammt wie das Gericht. Um Ihren Lieblingswein herauszufinden, lassen Sie sich am besten in einer Weinhandlung beraten, in der Sie auch probieren können.

Für eine gute Verdauung sorgen zum Abschluss ein *Caffè* (Espresso! Cappuccino trinkt man in Italien nur zum Frühstück.) und vielleicht ein kleiner *Amaro* (Kräuterlikör) oder *Grappa* (Tresterschnaps).

Cicchetti – feine venezianische »Bissen«

Sardinen in saòr
Sarde in saòr

500 g Sardinen waschen, trockentupfen und in Mehl wälzen. Öl erhitzen, Sardinen darin goldbraun braten, salzen. Auf Küchenpapier abtropfen lassen. 2 Zwiebeln schälen, in feine Ringe hobeln. 2 EL Olivenöl erhitzen. Zwiebeln darin glasig werden lassen, mit 1/4 l Weißwein ablöschen, zugedeckt 5 Min. dünsten. Mit 1 EL Rosinen, 1 EL Pinienkernen, 1 TL Pfefferkörnern und 1/4 l mildem Weißweinessig 3 Min. köcheln lassen, salzen. Sardinen und Zwiebelsud lagenweise in eine Form schichten und 2 Tage durchziehen lassen.

Tintenfisch
Seppie al lesso

600 g Kalmare waschen, Arme abschneiden, Kopf und Chitinschild entfernen. Den Körper in Streifen schneiden. 1 l Salzwasser mit 2 Lorbeerblättern und 1 TL Pfefferkörnern aufkochen lassen. Tintenfischstreifen und -arme darin bei schwacher Hitze in 8–10 Min. ziehen (nicht kochen!) lassen. Auf 4 Teller verteilen, mit je 1 EL sehr gutem Olivenöl beträufeln. Mit Zitronenschnitzen garniert lauwarm servieren.

Stockfischcreme
Baccalà mantecato

250 g Stockfisch 48 Std. wässern, dabei mehrmals das Wasser wechseln. Den Fisch in Wasser in 15 Min. garen. 2 große mehlig kochende Kartoffeln mit Schale garen und ausdampfen lassen, pellen und fein zerdrücken. Den Fisch häuten, entgräten und zerpflücken. 2 Knoblauchzehen schälen und durchpressen. Mit dem Saft von 1 Zitrone, 3 EL gehackter Petersilie und 6 EL Olivenöl verrühren. Kartoffeln, Fisch und Sauce cremig rühren und mit Pfeffer abschmecken.

Artischocken
Carciofi al limone

Die Schale von 1 unbehandelten Zitrone in Zesten (dünne Streifen) abziehen, den Saft auspressen. 1 Knoblauchzehe schälen und hacken. Stiel und äußere harte Blätter von 8 Artischocken entfernen. Das Heu herausholen, Artischockenböden mit Zitronensaft einreiben. Artischocken halbieren oder vierteln. 3 EL Olivenöl erhitzen, Artischocken darin anbraten. Mit 1/8 l Weißwein, Zesten, Zitronensaft, Knoblauch und 1 EL frischen Thymianblättchen zugedeckt 10–12 Min. dünsten. Mit Salz, Pfeffer und 1 Prise Zucker würzen. Abgekühlt servieren.

Süßsauere Zwiebelchen

Cipolline in agrodolce

500 g Perlzwiebeln (oder Schalotten) schälen. In einer großen Pfanne 4 EL Olivenöl erhitzen. Zwiebeln darin bei mittlerer Hitze anbraten. 1 EL Zucker dazugeben, unter gelegentlichem Rühren in 10 Min. karamellisieren und goldbraun werden lassen. 4 EL Aceto balsamico hinzufügen, bei schwacher Hitze 2 Min. köcheln lassen, salzen. Abgekühlt mit Weißbrot servieren.
Die Zwiebelchen schmecken auch zu kaltem Braten.

Schinken mit Feigen

Prosciutto e fichi

8 reife Feigen waschen und abtrocknen. Oben kreuzweise einschneiden, etwas auseinander drücken und die Schale zur Hälfte nach unten abziehen. 4 Scheiben San-Daniele- oder Parmaschinken teilen, jeweils zu Röschen drehen und mit einem Holzspießchen auf die Feigen stecken.

Eingelegte Salami

Salame all'aceto balsamico

2 kleine Salami (Cacciatore, je etwa 125 g) pellen und in etwa 2 mm dicke Scheiben schneiden. Dachziegelartig auf 4 kleinen Tellern anrichten, mit je 1 EL sehr gutem Aceto balsamico und je 1 TL Olivenöl »extra vergine« beträufeln und mit etwas schwarzem Pfeffer übermahlen.
Dazu schmecken Oliven und knuspriges Weißbrot.

Gebackene Auberginen

Melanzane fritte

2 Auberginen (à 250 g) waschen, in etwa 1 cm dicke Scheiben schneiden, salzen und 10 Min. Wasser ziehen lassen. 50 g Parmesan reiben, mit 100 g gemahlenen Mandeln vermischen. 2 Eier mit 2 EL Wasser verquirlen. Auberginenscheiben ausdrücken, mit Küchenpapier abtrocknen, erst im Ei, dann in der Käse-Mandel-Mischung wenden. Öl erhitzen, Auberginen darin auf jeder Seite in 3 Min. goldbraun ausbacken. Auf Küchenpapier abtropfen lassen.

Grundrezept

Brot backen

Mehl in eine Schüssel sieben, in der Mitte eine Mulde eindrücken. Hefe und Zucker in 3/8 l lauwarmem Wasser auflösen, in die Mulde gießen, zugedeckt 30 Min. gehen lassen. Salz und 3 EL Olivenöl unterrühren. Den Teig 10 Min. kneten, bis er Blasen wirft. Zugedeckt 1 Std. gehen lassen. Backofen auf 220° vorheizen. Den Teig teilen und wie unten beschrieben verarbeiten.

Focaccia

FÜR 2 BROTE

- **500 g Mehl**
- **20 g Hefe**
- **1 TL Zucker**
- **1 geh. TL Salz**
- **5 EL Olivenöl**
- **2 Zweige Rosmarin**
- **Mehl für die Arbeitsfläche und für die Bleche**

TIPPS

Statt mit Rosmarin können Sie die Focaccia auch mit getrocknetem Thymian bestreuen. Oder grüne Oliven entsteinen und in die Dellen stecken. Oder einige getrocknete Tomaten klein würfeln und nach dem ersten Gehen unter den Teig mischen.

1 *Teig zu etwa 2 cm dicken Fladen ausrollen, auf bemehlte Bleche legen. Mit den Fingern Dellen in die Oberfläche drücken.*

2 *Zugedeckt weitere 30 Min. gehen lassen. Backofen auf 220° vorheizen. Die Brote mit dem restlichem Öl bestreichen.*

3 *Rosmarinnadeln von den Zweigen streifen, auf die Brote streuen. Im Ofen (Mitte, Umluft 200°) 15–20 Min. backen.*

Frische Pasta

Selbst gemachte Nudeln schmecken nicht nur wunderbar, sondern lassen sich mit einer Nudelmaschine kinderleicht herstellen.
Für 4 Personen 500 g Mehl auf die Arbeitsfläche sieben. Mit 5 sehr frischen Eiern und 2 EL gutem Olivenöl zu einem glatten, elastischen Teig verkneten. In Klarsichtfolie wickeln und 1 Std. im Kühlschrank ruhen lassen. Ein Stück Teig abschneiden, den Rest wieder einwickeln, damit er nicht austrocknet. Den Teig flach drücken, in der Nudelmaschine immer dünner werdend auswalzen. Dann durch die Walze mit der gewünschten Nudelform drehen. Die Nudeln über einen sauberen Besenstiel hängen und mindestens 1 Std. trocknen lassen.
5–6 l Wasser in einem großen Topf zum Kochen bringen, 2 EL Salz hinzufügen. Die Nudeln darin in 3–4 Min. garen, abgießen und sofort servieren.

Basilikumnudeln

1

500 g Mehl und 5 Eier verkneten. 2 Bund Basilikum waschen und trockenschütteln, die Blätter abzupfen. Mit 2 EL Olivenöl, 1 TL Salz und 1 TL Zitronensaft sehr fein pürieren und unter den Teig kneten.

Safrannudeln

2

0,5 g Safranfäden in 3 EL heißem Wasser auflösen, dann abkühlen lassen. Mit 500 g Mehl, 3 Eiern, 3 Eigelben und 1 TL Salz verkneten. Ist der Teig zu weich, zusätzlich noch etwas Mehl unterkneten.

Spinatnudeln

3

500 g Mehl und 5 Eier verkneten. 250 g Spinat waschen, kurz in kochendem Salzwasser blanchieren, abgießen und abkühlen lassen. Spinat ausdrücken, sehr fein hacken und unter den Teig kneten.

Tomatennudeln

4

500 g Mehl und 5 Eier verkneten. 50 g getrocknete Tomaten (nicht in Öl eingelegt!) 20 Min. in warmem Wasser einweichen. Abgießen, ausdrücken, sehr fein hacken und unter den Teig kneten.

Contorni – typisch italienische Beilagen

Salat mit Pinienkernen
Insalata mista ai pinoli

2 EL Pinienkerne ohne Fett goldbraun rösten. 1 Romanasalat, 1 kleinen Radicchio und 1 Bund Rucola waschen, in mundgerechte Stücke zerzupfen und trockenschleudern. Den Salat in eine Schüssel geben, Salz und Pfeffer darüber streuen, 2 EL Aceto balsamico und 3 EL Olivenöl darüber geben und gut mischen. Mit Pinienkernen bestreut sofort servieren. Oder jeder würzt den Salat selbst bei Tisch.

Weiße Bohnen
Fagioli alla fiorentina

300 g getrocknete weiße Bohnen (Cannellini) in Wasser 12 Std. einweichen. In frischem Wasser zum Kochen bringen und in 1 Std. 30 Min. garen, dann abgießen. 4–5 Knoblauchzehen schälen und fein hacken, 6 Salbeiblätter waschen, in Streifen schneiden. 4 EL Olivenöl erhitzen, Knoblauch und Salbei darin 1 Min. braten. Bohnen und 400 g stückige Tomaten aus der Dose oder frische kurz überbrühen, enthäuten, würfeln und dazugeben. Bei schwacher Hitze 15 Min. schmoren lassen, salzen und pfeffern.

➤ Passt zu Würsten oder Schweinefleisch.

Fenchel mit Safran
Finocchi allo zafferano

4 junge Fenchelknollen (etwa 750 g) waschen, putzen und längs vierteln. Das Fenchelgrün hacken und beiseite legen. In kochendem Salzwasser mit einigen Scheiben von 1 unbehandelten Zitrone 5 Min. blanchieren, abgießen und abtropfen lassen. 40 g Butter zerlassen, 2 Döschen Safranfäden (à 0,1 g) darin aufschäumen lassen. Fenchel und 100 g Sahne hinzufügen, in 10 Min. cremig einkochen lassen, dabei gelegentlich wenden. Salzen und mit Fenchelgrün bestreuen.

➤ Passt zu Fisch, Kalbfleisch oder Geflügel.

Geschmorte Paprika
Peperonata

Je 2 rote und gelbe Paprikaschoten halbieren, putzen, waschen und in Rauten oder Streifen schneiden. 1 Zwiebel schälen, in Spalten schne den. 3 Knoblauchzehen schälen, fein hacken. 2 E Olivenöl erhitzen. Zwiebe und Knoblauch darin anbraten. Paprikaschoten bei mittlerer Hitze 3 Min. mitbraten. 2 EL Tomatenmark und 100 ml Wasser unterrühren. Zugedeckt 15 Min. schmoren lassen Salzen, pfeffern und 3 EL grob gehackte Petersilie unterziehen.

➤ Passt zu Schweine- un Lammfleisch.

Rosmarinkartoffeln
Patate al rosmarino

Den Backofen auf 200° vorheizen, ein Backblech mit Backpapier belegen. Die Nadeln von 2 Rosmarinzweigen abstreifen. 800 g fest kochende Kartoffeln schälen und in grobe Stücke schneiden. Beides in einer Schüssel mit 2 EL Olivenöl mischen. Auf dem Blech verteilen und 35–40 Min. backen, bis sie goldbraun sind, dabei gelegentlich wenden.

➤ Rosmarinkartoffeln passen zu kurz gebratenem Fleisch und deftigen Schmorgerichten.

Lorbeerkartoffeln
Patate all'alloro

800 g fest kochende Kartoffeln mit Schale garen, dann abkühlen lassen (oder Pellkartoffeln vom Vortag verwenden). Kartoffeln pellen, je nach Größe halbieren oder vierteln. 3 EL Olivenöl in einer großen Pfanne erhitzen. Kartoffeln und 6–8 frische (!) Lorbeerblätter hinzufügen. Kartoffeln bei mittlerer Hitze von allen Seiten in 10 Min. goldbraun braten, salzen.

➤ Sehr fein zu Lamm- und Schweinefleisch. Lorbeerblätter mitservieren, aber nicht mitessen.

Spinat mit Pinienkernen
Spinaci ai pinoli

2 EL Pinienkerne ohne Fett goldbraun rösten. 1 kg großblättrigen Spinat gründlich waschen, die Stiele entfernen. Tropfnass in einen Topf geben, kräftig salzen. 3 Knoblauchzehen schälen, halbieren und dazugeben. Spinat zugedeckt bei starker Hitze in 5 Min. zusammenfallen lassen. Abgießen, in eine vorgewärmte Servierschale füllen, Knoblauch entfernen. Mit 3 EL Olivenöl beträufeln, mit Pinienkernen bestreuen, eventuell mit etwas schwarzem Pfeffer übermahlen.

➤ Passt zu Kalbfleisch und Fischgerichten.

Gefüllte Tomaten
Pomodori ripieni

8 mittelgroße Tomaten waschen. Einen Deckel abschneiden und beiseite legen. Tomaten aushöhlen, umgedreht auf Küchenpapier abtropfen lassen. Backofen auf 200° vorheizen. 4 getrocknete, in Öl eingelegte Tomaten abtropfen lassen (mit dem Öl eine feuerfeste Form ausstreichen). 1/2 Bund Bärlauch waschen, fein hacken. Beides mit 250 g Ricotta verrühren, salzen und pfeffern. Tomaten damit füllen, die Deckel obenauf setzen, in der Form im Backofen (Mitte, Umluft 180°) 30 Min. backen.

➤ Passt zu gegrilltem und gebratenem Fleisch.

Antipasti

Ob zarte Kalbfleischscheiben mit würziger Tunfischsauce, knusprige Crostini mit Leberfarce oder lauwarme Auberginen-Parmigiana – diese kleinen, typisch italienischen Köstlichkeiten zergehen auf der Zunge, kitzeln den Gaumen und bilden so den kulinarischen Auftakt zu einem kompletten italienischen Menü. Viele dieser Appetizer lassen sich hervorragend vorbereiten und zu einem Antipasti-Büfett arrangieren, ganz wie in der Vitrine beim guten »Italiener«.

Blitzrezepte

Spargel mit Ei

Asparagi e uova

FÜR 4 PERSONEN

➤ **1 kg grüner Spargel | Salz
100 g Butter | 4 Eier | 4 EL Parmesan, frisch gerieben**

1 | Den Spargel waschen, unteres Drittel schälen, holzige Enden abschneiden. In kochendem Salzwasser in 10–12 Min. bissfest garen.

2 | Inzwischen 50 g Butter zerlassen. Die restliche Butter in einer Pfanne erhitzen und darin 4 Spiegeleier braten.

3 | Spargel abtropfen lassen, auf 4 Teller verteilen. Mit Parmesan bestreuen, mit zerlassener Butter begießen und jeweils 1 Spiegelei darauf setzen. Sofort servieren.

Gebratene Pilze

Funghi trifolati

FÜR 4 PERSONEN

➤ **500 g Pilze (z. B. Steinpilze, Austernpilze, Egerlinge oder eine Mischung daraus) | 3 EL Olivenöl
2 Knoblauchzehen | 1–2 EL Zitronensaft | Salz | Pfeffer**

1 | Pilze putzen, mit Küchenpapier abreiben. Steinpilze und Egerlinge in Scheiben, Austernpilze in kleine Stücke schneiden.

2 | Das Öl in einer großen Pfanne erhitzen, Pilze darin scharf anbraten. Knoblauch schälen und dazupressen. Unter regelmäßigem Wenden in 5–7 Min. goldbraun braten. Mit Zitronensaft, Salz und Pfeffer würzen. Lauwarm oder kalt mit Weißbrot servieren.

zum Aperitif

Crostini mit Leber

Crostini alla Toscana

FÜR 12 STÜCK

- 1 kleine Zwiebel
- 1 kleine Möhre
- 1/2 Stange Staudensellerie
- 200 g Leber (Kalbs- oder Geflügelleber)
- 2 Zweige Petersilie
- 4 Salbeiblätter
- 80 g Butter
- 3 EL Marsala (nach Belieben)
- Salz | Pfeffer
- 12 Scheiben Baguette

Zubereitung: 30 Min.
➤ Pro Stück ca.: 130 kcal

1 | Zwiebel schälen und fein hacken. Gemüse putzen bzw. schälen und klein würfeln. Leber in kleine Stücke schneiden, dabei Häutchen und Sehnen entfernen. Kräuter waschen und fein hacken.

2 | 20 g Butter in einer Pfanne aufschäumen, Zwiebel und Gemüse darin 2 Min. braten. An den Pfannenrand schieben, weitere 20 g Butter erhitzen, die Leber darin 3 Min. braten. Gemüse und Leber mischen, Kräuter und nach Belieben Marsala dazugeben. Alles 2 Min. schmoren, salzen und pfeffern.

3 | Lauwarm abkühlen lassen und im Mixer nicht zu fein pürieren. Backofen auf 200° (Umluft 180°) vorheizen. Restliche Butter unterziehen, noch einmal abschmecken.

4 | Die Brotscheiben im Backofen (oben) goldbraun rösten, mit der Leberfarce bestreichen und heiß servieren.

aus Neapel

Gebackener Mozzarella

Mozzarella in carrozza

FÜR 4 PERSONEN

- 8 Scheiben Toastbrot
- 2 Kugeln Mozzarella (à 125 g)
- Pfeffer
- 8 Sardellenfilets in Öl
- 2 Eier
- Salz
- Öl zum Ausbacken

Zubereitung: 20 Min.
➤ Pro Portion ca.: 310 kcal

1 | Den Toast entrinden. Den Mozzarella abtropfen lassen, in Scheiben schneiden und auf 4 Toastscheiben verteilen, dabei den Rand frei lassen. Pfeffern und jeweils mit 2 Sardellenfilets belegen. Mit den übrigen Toastscheiben abdecken, an den Rändern zusammendrücken.

2 | Die Eier in einer flachen Schale verschlagen, leicht salzen. Die gefüllten Toasts darin wenden und ziehen lassen, bis das Öl heiß ist.

3 | Das Öl etwa 2 cm hoch in eine Pfanne geben und erhitzen. Die Toasts darin von jeder Seite in 3 Min. goldgelb ausbacken. Auf Küchenpapier abtropfen lassen und heiß servieren.

TIPP

Mozzarella in carrozza ist ein preiswertes Schnellgericht. Mit Salat mit Pinienkernen (Seite 10) wird daraus eine vollständige kleine Mahlzeit für zwei.

im Bild links: **Crostini mit Leber** *im Bild rechts:* **Gebackener Mozzarella** ➤

für Gäste

Tintenfischsalat

Polpo in insalata

FÜR 4 PERSONEN

- 1 EL Pfeffer aus der Mühle
- 1 Oktopus (ca. 600 g)
- Salz | 1 Zitrone
- 6 Knoblauchzehen
- 1 Bund Petersilie
- 6 EL Olivenöl

Zubereitung: 45 Min.
Marinierzeit: 2 Std.
Pro Portion ca.: 250 kcal

1 | Etwa 3 l Wasser mit Pfeffer zum Kochen bringen. Den Oktopus darin bei schwacher Hitze 30–40 Min. ziehen lassen. Wenn er sich leicht einstechen lässt, ist er gar. Vom Herd nehmen, salzen und im Sud abkühlen lassen.

2 | Den Saft der Zitrone auspressen. Den Knoblauch schälen, erst in Scheiben, dann in feine Stifte schneiden. Petersilie waschen und trockenschütteln, die Blättchen fein hacken. Alles in einer Schüssel mit einer kräftigen Prise Salz verrühren, das Öl unterschlagen.

3 | Den Oktopus aus dem Sud heben, in Stücke schneiden und in die Marinade geben. Zugedeckt im Kühlschrank mindestens 2 Std. (besser über Nacht) durchziehen lassen. Mit knusprigem Weißbrot servieren.

➤ Variante: 2 Stangen Staudensellerie waschen, putzen, in Scheiben schneiden und unter den Tintenfischsalat mischen.

fürs Büfett

Vitello tonnato

FÜR 8 PERSONEN

- 1 Bund frisches Suppengrün (Möhre, Lauch, Sellerieknolle)
- 1 kg Kalbfleisch (Nuss)
- 3/4 l trockener Weißwein (ersatzweise Kalbsfond oder Gemüsebrühe)
- 1 Lorbeerblatt
- 1 TL schwarze Pfefferkörner
- Salz
- 1 Dose Tunfisch in Öl (150 g Abtropfgewicht)
- 100 g Salatmayonnaise (30 % Fett)
- 3 EL kleine Kapern
- 1 EL Zitronensaft
- Cayennepfeffer

Zubereitung: 20 Min.
Garzeit: 1 Std.
Marinierzeit: 2 Std.
Pro Portion ca.: 340 kcal

1 | Das Suppengrün putzen und grob hacken. Das Fleisch probehalber mit dem Wein in einen Suppentopf geben. So viel Wasser hinzufügen, dass das Fleisch gut bedeckt ist. Fleisch wieder herausnehmen.

2 | Weinsud mit Suppengrün, Lorbeerblatt und Pfefferkörnern zum Kochen bringen. Fleisch einlegen, salzen und 1 Std. ziehen lassen. Im Sud abkühlen lassen.

3 | Tunfisch abtropfen lassen. Mit Mayonnaise und 2 EL Kapern fein pürieren. So viel Kochsud hinzufügen, dass eine cremige Sauce entsteht. Mit Salz, Zitronensaft und Cayennepfeffer abschmecken.

4 | Fleisch in dünne Scheiben schneiden und auf einer Platte anrichten. Mit der Tunfischsauce bedecken und mit den restlichen Kapern bestreuen. Zugedeckt im Kühlschrank mindestens 2 Std. durchziehen lassen.

im Bild vorne: Tintenfischsalat *im Bild hinten:* Vitello tonnato ➤

vegetarisch

Auberginen-auflauf

Parmigiana di melanzane

FÜR 6 PERSONEN

➤ **1 Zwiebel**
2 EL Olivenöl
800 g stückige Tomaten (Dose)
1 Lorbeerblatt
Salz | Pfeffer
1 Prise Zucker
4 Auberginen (ca. 800 g)
150 g Parmesan
250 g Mozzarella
2 Bund Basilikum
Öl zum Braten

Zubereitung: 1 Std.
Backzeit: ca. 40 Min.
➤ Pro Portion ca.: 355 kcal

1 | Die Zwiebel schälen und fein hacken. Das Öl erhitzen, die Zwiebel darin glasig werden lassen. Tomaten und Lorbeerblatt dazugeben und in 30 Min. einkochen lassen. Lorbeerblatt entfernen. Mit Salz, Pfeffer und Zucker würzen.

2 | Auberginen waschen, in etwa 1 cm dicke Scheiben schneiden, salzen und 10 Min. Wasser ziehen lassen. Parmesan reiben. Mozzarella abtropfen lassen und würfeln. Basilikum waschen und trockenschütteln, die Blätter grob zerzupfen.

3 | Die Auberginenscheiben ausdrücken, mit Küchenpapier abtrocknen. Das Öl erhitzen. Auberginen darin portionsweise bei mittlerer Hitze goldbraun braten. Herausnehmen und auf Küchenpapier entfetten.

4 | Backofen auf 180° vorheizen. Auberginen, Tomatensauce, Basilikum, Mozzarella und Parmesan lagenweise in eine Auflaufform (20 x 30 cm) schichten, mit Parmesan abschließen. Im Ofen (Mitte, Umluft 160°) 40 Min. backen.

schmeckt auch kalt

Zucchini-Frittata

Frittata di zucchine

FÜR 4 PERSONEN

➤ **600 g kleine Zucchini**
2 EL Mehl
6 EL Öl | Salz
1 Bund gemischte Kräuter (z. B. Petersilie, Thymian, Salbei) | 6 Eier

Zubereitung: 40 Min.
➤ Pro Portion ca.: 305 kcal

1 | Die Zucchini waschen und längs in etwa 5 mm dicke Scheiben schneiden. Mit dem Mehl bestäuben. Jeweils 1 EL Öl in einer Pfanne erhitzen und die Zucchini in 4–5 Portionen von beiden Seiten goldbraun braten, salzen und auf Küchenpapier entfetten.

2 | Die Kräuter waschen und trockenschütteln, die Blättchen fein hacken. Die Eier mit den Kräutern und etwas Salz verschlagen.

3 | Etwas Öl in der Pfanne bei mittlerer Hitze erwärmen, die Hälfte der Eiermischung hineingießen. Die Zucchini einschichten, die restliche Eiermasse darüber gießen. Zugedeckt in 8–10 Min. stocken lassen. Wenden (flachen Deckel oder Teller auflegen, umdrehen, Frittata wieder in die Pfanne gleiten lassen), weitere 5–8 Min. braten. In Stücken servieren.

im Bild vorne: **Zucchini-Frittata** *im Bild hinten:* **Auberginenauflauf** ➤

Pasta & Co.

Von einfach bis raffiniert, mit leichtem oder gehaltvollem Sugo oder mit wenigen Zutaten immer wieder interessant kombiniert – so schmeckt Pasta superlecker und ist im Nu zubereitet. Etwas aufwändiger sind Steinpilzravioli in Thymianbutter oder Spinat-Ricotta-Gnocchi, doch der Aufwand lohnt sich, und Ihre Gäste werden Sie für diesen Genuss lieben! Neben Pasta und Pizza hat die italienische Küche noch viel mehr zu bieten: So haben sich auch Risotto, Gnocchi und Polenta unter die beliebten Klassiker eingereiht.

Blitzrezepte

Penne mit Tomaten

Penne al pomodoro

FÜR 4 PERSONEN

➤ 1 kleine Zwiebel | 2 Knoblauchzehen
1 EL Olivenöl | 400 g stückige Tomaten (Dose) | Salz | Pfeffer | 400 g Penne
1/2 Bund Basilikum

1 | 4 l Wasser zum Kochen bringen. Zwiebel und Knoblauch schälen, sehr fein hacken. Öl erhitzen, beides darin glasig werden lassen. Tomaten hinzufügen und 10 Min. einkochen lassen, mit Salz und Pfeffer würzen.

2 | Wasser salzen, die Penne darin al dente kochen. Basilikum waschen, Blätter zerzupfen und unter die Sauce mischen. Nudeln abgießen, mit Sauce servieren. Dazu passt frisch geriebener Parmesan.

Spaghetti mit Muscheln

Spaghetti alle vongole

FÜR 4 PERSONEN

➤ 1 kg frische Vongole (Venusmuscheln, ersatzweise 1 Dose à 250 g)
4 Tomaten | 2 Knoblauchzehen
400 g Spaghetti | Salz | 2 EL Olivenöl
100 ml Weißwein (nach Belieben)
2 EL gehackte Petersilie | Pfeffer

1 | Muscheln waschen, abtropfen lassen. Tomaten häuten und würfeln. Knoblauch schälen und hacken. Spaghetti kochen. Öl erhitzen, Muscheln und Knoblauch dazugeben, mit Wein ablöschen. Zugedeckt 5 Min. schmoren lassen. Abgießen, den Sud auffangen. Muscheln auslösen (bis auf einige), mit Tomaten und Petersilie im Sud erhitzen, salzen und pfeffern. Spaghetti abgießen und untermischen.

aus dem Veneto

Bohnensuppe

Pasta e fagioli

FÜR 4 PERSONEN

- **250 g weiße Bohnen**
- **1 Zwiebel**
- **100 g Pancetta | 1 Möhre**
- **1 Stange Staudensellerie**
- **2 EL Olivenöl**
- **2 Lorbeerblätter**
- **Salz | Pfeffer**
- **150 g Tagliatelle**
- **1 Bund gemischte Kräuter (z. B. Rosmarin, Thymian, Salbei, Petersilie)**
- **2 Knoblauchzehen**

Zubereitung: 1 Std.
Einweichzeit: 12 Std.
Garzeit: 1 Std. 45 Min.
Pro Portion ca.: 515 kcal

1 | Die Bohnen in lauwarmem Wasser 12 Std. einweichen.

2 | Zwiebel schälen und fein hacken. Pancetta würfeln. Die Möhre putzen, schälen, klein schneiden. Sellerie waschen, in Scheiben schneiden.

3 | Bohnen abgießen. Öl erhitzen, Pancetta, Zwiebel, Möhre und Sellerie darin anbraten. Bohnen und Lorbeerblätter hinzufügen, mit 1 l Wasser ablöschen und 1 Std. 30 Min. köcheln lassen, gelegentlich umrühren.

4 | Bohnensuppe salzen und pfeffern. Nudeln in Stücke brechen und unterrühren. Kräuter waschen, fein hacken und dazugeben. Knoblauch schälen und dazupressen. Alles 15 Min. köcheln lassen.

TIPP Je nach Region werden Pasta e fagioli entweder mit getrockneten weißen (Cannellini) oder roten Bohnen (Borlotti) zubereitet.

gelingt leicht

Gemüsesuppe

Minestrone

FÜR 4 PERSONEN

- **200 g kleine Nudeln (z. B. Ditali)**
- **1 Zwiebel**
- **4 Stangen Staudensellerie**
- **3 Möhren**
- **2 EL Olivenöl**
- **2 EL Tomatenmark**
- **1 l Fleischbrühe**
- **3 kleine Zucchini**
- **2 Knoblauchzehen**
- **Salz | Pfeffer**
- **4 EL Parmesan, frisch gerieben**

Zubereitung: 40 Min.
Pro Portion ca.: 315 kcal

1 | Nudeln nach Packungsangabe in reichlich Salzwasser al dente kochen.

2 | Zwiebel schälen, halbieren und in Streifen schneiden. Sellerie und Möhren waschen, putzen bzw. schälen und in Scheiben schneiden. Öl erhitzen, Zwiebeln darin glasig werden lassen. Sellerie, Möhren und Tomatenmark dazugeben, 2 Min. schmoren lassen. Brühe angießen und 15 Min. köcheln lassen.

3 | Zucchini waschen, längs halbieren, in Scheiben schneiden und zugeben. Knoblauch schälen und dazupressen. Die Suppe 10 Min. köcheln lassen, salzen und pfeffern.

4 | Nudeln abgießen, abtropfen lassen und auf 4 tiefe Teller verteilen. Die Suppe darauf schöpfen und mit Parmesan bestreut servieren.

im Bild vorne: **Bohnensuppe** *im Bild hinten:* **Gemüsesuppe** ➤

preiswert

Bucatini alla carbonara

FÜR 4 PERSONEN

- Salz
  400 g Bucatini
  1 Zwiebel
  150 g Pancetta
  3 frische Eier
  4 EL geriebener Parmesan
  schwarzer Pfeffer aus der Mühle

Zubereitung: 25 Min.
- Pro Portion ca.: 700 kcal

1 | 4 l Salzwasser zum Kochen bringen. Die Bucatini darin nach Packungsangabe al dente kochen.

2 | Inzwischen die Zwiebel schälen und mit der Pancetta klein würfeln. Beides in einer Pfanne goldbraun braten.

3 | Eier in einer vorgewärmten Schüssel mit dem Käse und reichlich frisch gemahlenem Pfeffer verrühren. Nudeln abgießen, abtropfen lassen, mit der Speckmischung unter die Eier heben und sofort servieren.

gelingt leicht

Rigatoni alla puttanesca

FÜR 4 PERSONEN

- Salz | 400 g Rigatoni
  4 Knoblauchzehen
  8 Sardellenfilets in Öl
  2 EL Olivenöl
  100 g schwarze Oliven
  2 EL Kapern
  1 getrockneter Peperoncino
  400 g stückige Tomaten (Dose)

Zubereitung: 20 Min.
- Pro Portion ca.: 480 kcal

1 | 4 l Salzwasser zum Kochen bringen. Die Rigatoni darin nach Packungsangabe al dente kochen.

2 | Inzwischen den Knoblauch schälen, mit den Sardellenfilets fein hacken. Öl in einer Pfanne erhitzen, beides darin anbraten. Oliven und Kapern dazugeben, den Peperoncino dazubröseln. Mit den Tomaten ablöschen, 5 Min. schmoren lassen. Nudeln abgießen, abtropfen lassen und mit der Sauce mischen.

vegetarisch

Trenette al pesto

FÜR 4 PERSONEN

- Salz
  400 g Trenette
  30 g Pinienkerne
  1 Bund Basilikum
  1 Knoblauchzehe
  2 EL Parmesan, frisch gerieben
  4 EL Olivenöl
  Pfeffer

Zubereitung: 25 Min.
- Pro Portion ca.: 520 kcal

1 | 4 l Salzwasser zum Kochen bringen. Die Trenette darin nach Packungsangabe al dente kochen.

2 | Pinienkerne ohne Fett rösten. Basilikum waschen und trockenschütteln, die Blätter abzupfen. Knoblauch schälen. Alles mit dem Parmesan im Mörser oder mit dem Pürierstab zu einer Paste pürieren. Öl unterrühren, salzen und pfeffern. Nudeln abgießen, nicht abtropfen lassen. In einer angewärmten Schüssel mit Pesto mischen.

im Bild vorne: **Trenette al pesto** *im Bild Mitte:* **Rigatoni alla puttanesca** *im Bild hinten:* **Bucatini alla carbonara**

für Gäste | braucht etwas Zeit

Steinpilzravioli in Thymianbutter

Ravioli ai funghi porcini burro e timo

FÜR 6 PERSONEN

- 500 g Mehl
- 5 Eier (Größe L)
- 3 EL Olivenöl
- 20 g getrocknete Steinpilze
- 500 g frische Steinpilze
- 1 Knoblauchzehe
- 2 EL gehackte Petersilie
- Salz | Pfeffer
- 250 g Ricotta
- 4 EL Parmesan, frisch gerieben
- 1 Eiweiß
- 50 g Butter
- 2 EL Thymianblättchen
- 150 g Parmesan, frisch gerieben

Zubereitung: 1 Std. 30 Min.
Einweichzeit: 15 Min.
Pro Portion ca.: 675 kcal

1 | Aus Mehl, Eiern und 1 EL Öl einen Nudelteig kneten (Rezept Seite 9). Getrocknete Pilze in lauwarmem Wasser 15 Min. einweichen.

2 | Inzwischen die frischen Pilze putzen, mit Küchenpapier abreiben und klein würfeln. Knoblauch schälen und fein hacken. Das übrige Öl erhitzen, beides darin anbraten. Eingeweichte Pilze abgießen, ausdrücken, fein hacken und mit Petersilie hinzufügen, salzen und pfeffern. Pilze 5 Min. braten, bis die Flüssigkeit verdampft ist, abkühlen lassen. Mit Ricotta und Parmesan verrühren, salzen und pfeffern.

3 | Die Hälfte des Teiges zu einem Quadrat von 40 x 40 cm ausrollen. Im Abstand von etwa 5 cm je 1 TL Füllung darauf geben. Das Eiweiß verschlagen. Den Teig damit zwischen der Füllung bepinseln. Restlichen Teig ausrollen, darüber legen und andrücken. Mit einem Teigrädchen (oder Messer) quadratische Teigtäschchen ausschneiden.

4 | Ravioli 3 Min. in kochendem Salzwasser ziehen lassen, abgießen. Butter und Thymian in einer Pfanne aufschäumen. Ravioli in der heißen Thymianbutter schwenken. Nach Belieben bei Tisch mit Parmesan bestreuen.

1 Füllung häufeln

Füllung auf dem ausgerollten Teig verteilen.

2 Bepinseln

Zwischenräume mit Eiweiß einpinseln.

3 Ausschneiden

Mit einem Teigrädchen Ravioli ausschneiden.

aus Bologna

Lasagne

FÜR 6 PERSONEN

- 1 Zwiebel
- 2 Knoblauchzehen
- 1 Möhre
- 1 Stange Staudensellerie
- 3 EL Olivenöl
- 400 g Hackfleisch (vom Rind oder gemischt)
- 800 g stückige Tomaten (Dose)
- 1 Lorbeerblatt
- Salz | Pfeffer
- Zucker
- 1/2 l Milch
- 50 g Butter
- 2 EL Mehl
- 100 g Parmesan, frisch gerieben
- etwa 350 g Lasagneblätter (ohne Vorkochen)

Zubereitung: 1 Std.
Backzeit: ca. 25 Min.
Pro Portion ca.: 660 kcal

1 | Zwiebel, Knoblauch, Möhre und Sellerie schälen bzw. putzen, alles klein würfeln. Öl erhitzen, Gemüse und Hackfleisch darin anbraten. Mit Tomaten und Lorbeerblatt zugedeckt 30 Min. einkochen lassen, gelegentlich umrühren. Lorbeerblatt entfernen, mit Salz, Pfeffer und 1 Prise Zucker abschmecken.

2 | Milch und Butter erhitzen. Mehl hinzufügen, mit dem Pürierstab durchmixen und 2 Min. kräftig kochen lassen. Vom Herd nehmen, die Hälfte des Parmesans unterziehen.

3 | Backofen auf 200° vorheizen. Eine große, feuerfeste Form mit Lasagneblättern auslegen, ein Drittel der Hackfleischsauce darauf verteilen, etwas Béchamelsauce darüber geben. Rest weiter einschichten, mit Lasagneblättern und Béchamelsauce abschließen. Restlichen Parmesan darüber streuen. Im Backofen (Mitte, Umluft 200°) 30 Min. backen.

vegetarisch

Cannelloni mit Spinat

Cannelloni di magro

FÜR 4 PERSONEN

- 1 kg Spinat (ersatzweise 450 g TK-Blattspinat)
- Salz | 500 g Ricotta
- Pfeffer
- Muskatnuss, frisch gerieben
- 1/4 l Milch
- 35 g Butter
- 1 EL Mehl
- 12 Lasagneblätter
- 100 g Fontina in Scheiben

Zubereitung: 45 Min.
Backzeit: ca. 20 Min.
Pro Portion ca.: 630 kcal

1 | Spinat putzen, waschen. Tropfnass mit Salz in einen Topf geben, zugedeckt in 5 Min. zusammenfallen lassen. Abgießen, abkühlen lassen.

2 | Spinat ausdrücken, grob hacken. Mit Ricotta, Salz, Pfeffer und Muskat verrühren. Milch und 25 g Butter erhitzen. Mehl zufügen, mit dem Pürierstab durchmixen, 2 Min. kräftig kochen lassen. Eine feuerfeste Form mit übriger Butter ausstreichen.

3 | Ofen auf 220° vorheizen. Lasagne in Salzwasser 5 Min. vorgaren, abtropfen lassen. Je 2 EL Füllung darauf verteilen, aufrollen, in die Form legen. Sauce und Käse darauf verteilen. Im Ofen (Mitte, Umluft 200°) 20 Min. überbacken.

im Bild vorne: **Lasagne** *im Bild hinten:* **Cannelloni mit Spinat** ➤

aus Mailand

Safranrisotto

Risotto milanese

FÜR 4 PERSONEN

- **2 Schalotten**
- **3/4 l Brühe (Gemüse- oder Hühnerbrühe)**
- **0,2 g Safranfäden**
- **80 g Butter**
- **300 g Risottoreis (z. B. Arborio oder Vialone)**
- **1/4 l trockener Weißwein**
- **80 g Parmesan, frisch gerieben**

Zubereitung: 30 Min.
Pro Portion ca.: 575 kcal

1 | Schalotten schälen und würfeln. Die Brühe erhitzen. Etwas Brühe abnehmen und den Safran darin auflösen.

2 | In einem Topf 30 g Butter erhitzen, Schalotten darin glasig werden lassen. Reis zufügen und unter ständigem Rühren in 1 Min. glasig werden lassen. Mit der Hälfte des Weins ablöschen und weiterrühren. Den Reis köcheln lassen, bis die Flüssigkeit aufgesogen ist. Den restlichen Wein und die heiße Brühe nach und nach unterrühren.

3 | Nach 20 Min. den aufgelösten Safran unterrühren. Ab jetzt öfter probieren: Der Reis sollte bissfest, aber nicht hart sein. Übrige Butter und den Parmesan unterziehen.

Variante:
Risotto al trevisano
250 g Trevisano (oder Radiccio) in Streifen schneiden und 2 Min. in Butter braten. Statt des Safrans kurz vor Ende der Garzeit untermischen.

aus dem Aostatal

Polenta mit Hirschragout

Polenta con cervo in umido

FÜR 4 PERSONEN

- **1 kg Hirschfleisch (wahlweise Reh oder Wildhase)**
- **3 Zweige Rosmarin**
- **5 Zweige Thymian**
- **2 Lorbeerblätter**
- **3 Nelken**
- **3/4 l Rotwein**
- **50 g Pancetta**
- **4 EL Olivenöl**
- **400 ml Wildfond**
- **Salz**
- **250 g Polentagrieß**

Zubereitung: 30 Min.
Marinierzeit: 24 Std.
Schmorzeit: 2 Std.
Pro Portion ca.: 890 kcal

1 | Das Fleisch mit Rosmarin, Thymian, Lorbeerblatt und Nelken in Rotwein einlegen. Zugedeckt 24 Std. kühl stellen.

2 | Pancetta klein würfeln. Fleisch aus der Marinade nehmen, abtrocknen, etwa 3 cm groß würfeln. Marinade absieben. Öl erhitzen, Pancetta und Fleisch darin rundherum anbraten. Mit 200 ml Fond ablöschen, zugedeckt bei schwacher Hitze 2 Std. schmoren lassen, dabei nach und nach restlichen Fond und Marinade angießen.

3 | Für die Polenta 1 l Wasser aufkochen, salzen. Den Grieß unter Rühren einrieseln lassen, nach Packungsanweisung zu einem dicken Brei kochen. Mit Ragout servieren.

Varianten: Polentabrei auf einem Brett etwa 1,5 cm dick ausstreichen, abkühlen lassen. Taler ausstechen und in Butter braten. Oder in Rauten schneiden und auf dem Rost grillen.

im Bild vorne: **Polenta mit Hirschragout** *im Bild hinten:* **Safranrisotto**

braucht etwas Zeit

Gnocchi mit Gorgonzolasauce

Gnocchi al gorgonzola

FÜR 6 PERSONEN

- **1 kg mehlig kochende Kartoffeln**
- **Salz | 250 g Mehl**
- **2 Schalotten**
- **1 Knoblauchzehe**
- **20 g Butter**
- **100 ml Weißwein (ersatzweise Gemüsebrühe)**
- **200 g Sahne**
- **200 g Gorgonzola**
- **2 EL gehackte Petersilie**
- **Pfeffer**

Zubereitung: 1 Std. 15 Min.
➤ Pro Portion ca.: 495 kcal

1 | Kartoffeln waschen, in 25 Min. garen, abgießen und ausdampfen lassen. Heiß pellen, durch die Kartoffelpresse drücken, auskühlen lassen.

2 | Salz und so viel Mehl unterkneten, dass ein geschmeidiger Teig entsteht. Den Teig zu daumendicken Rollen formen, diese in etwa 3 cm große Stücke schneiden, mit einer Gabel einkerben.

3 | Schalotten und Knoblauch schälen, fein hacken. Butter erhitzen. Beides darin glasig werden lassen. Wein, Sahne und Gorgonzola zufügen und unter Rühren sämig einkochen lassen. Mit Petersilie, Salz und Pfeffer würzen.

4 | Salzwasser zum Kochen bringen. Die Gnocchi darin 5 Min. ziehen lassen, abgießen. Mit Sauce servieren.

➤ Variante:
Gnocchi burro e salvia
8–10 Salbeiblätter in Streifen schneiden, in 50 g Butter braten und die Gnocchi darin schwenken.

vegetarisch

Spinat-Ricotta-Gnocchi

Malfatti

FÜR 4 PERSONEN

- **250 g Ricotta**
- **500 g großblättriger Spinat**
- **Salz | 100 g Parmesan**
- **2 Eier | 2 Eigelbe**
- **100 g Mehl | Pfeffer**
- **Muskatnuss, frisch gerieben**
- **1 EL Butter**

Zubereitung: 45 Min.
➤ Pro Portion ca.: 400 kcal

1 | Ricotta in einem Sieb abtropfen lassen. Spinat gründlich waschen, die Stiele entfernen. Tropfnass mit etwas Salz in einen Topf geben und zugedeckt bei starker Hitze in 5 Min. zusammenfallen lassen. In einem Sieb abkühlen lassen.

2 | Inzwischen den Parmesan reiben. Ricotta, Eier, Eigelbe und die Hälfte des Parmesans verrühren. Den Spinat ausdrücken, fein hacken und dazugeben. So viel Mehl unterrühren, bis eine feste Masse entsteht. Mit Salz, Pfeffer und Muskat würzen.

3 | Backofen auf 200° vorheizen. Eine mittelgroße feuerfeste Form mit Butter ausstreichen. Salzwasser zum Kochen bringen. Von der Masse mit zwei Esslöffeln Gnocchi abstechen und darin 8–10 Min. ziehen lassen. Herausheben und in die Form geben. Restlichen Parmesan darüber streuen und im Ofen (oben, Grill zuschalten) 8–10 Min. gratinieren.

im Bild links: **Spinat-Ricotta-Gnocchi** *im Bild rechts:* **Gnocchi mit Gorgonzolasauce** ➤

mögen auch Kinder

Pizza Margherita

FÜR 4 PERSONEN

- **500 g Mehl**
  30 g Hefe
  1/2 TL Zucker
  Salz
  250 g Mozzarella
  400 g stückige Tomaten (Dose)
  2 EL Tomatenmark
  Pfeffer
  4 EL Parmesan, frisch gerieben
  1 Bund Basilikum
  6 EL Olivenöl
  Mehl für die Arbeitsfläche

Zubereitung: 20 Min.
Ruhezeit: 2 Std.
Backzeit: ca. 15 Min.
- Pro Portion ca.: 760 kcal

1 | Mehl in eine Schüssel sieben, in der Mitte eine Mulde eindrücken. Hefe mit Zucker in 1/4 l lauwarmem Wasser auflösen, in die Mulde gießen. Zugedeckt 30 Min. gehen lassen.

2 | Mehl, Hefevorteig und 1 TL Salz vermischen. Auf einer bemehlten Arbeitsfläche 10 Min. kräftig durchkneten, bis ein elastischer, glänzender Teig entsteht. Diesen zur Kugel formen, mit etwas Mehl bestreuen und zugedeckt 1 Std. 30 Min. gehen lassen.

3 | Den Backofen auf 250° vorheizen. 2 Bleche mit Backpapier auslegen. Nach Belieben den Teig in 4 oder 2 Teile teilen. Daraus entweder 4 runde Pizzen (etwa 28 cm Ø) formen oder die Teighälften auf dem Blech ausrollen, dabei jeweils den Rand etwas dicker belassen. Den Mozzarella abtropfen lassen.

4 | Tomaten und Tomatenmark verrühren, auf dem Teig verteilen (Rand frei lassen), salzen und pfeffern. Parmesan darüber streuen. Basilikum waschen, die Blätter abzupfen und darauf verteilen. Mozzarella in dünne Scheiben schneiden und darauf legen. Mit dem Öl beträufeln. Im Backofen (Mitte, Umluft 230°) 15 Min. backen, bis der Käse zerläuft und leicht braun wird.

- Varianten: Pizza Margherita ist die einfachste Version, die Sie mit verschiedenen Belägen aufpeppen können (diese jeweils auf den Tomaten verteilen, würzen und mit Mozzarellascheiben bedecken):

  - Salamischeiben oder Schinkenstreifen und eingelegte Peperoni (Glas)
  - in Scheiben geschnittene Champignons und abgetropfte Artischockenherzen (Glas)
  - blanchierter Spinat, gehackter Knoblauch, Zucchini- und Auberginenscheiben (schmecken am besten in Olivenöl vorgebraten)
  - abgetropfter Tunfisch (Dose), Zwiebelringe, gelbe Paprikastreifen und Kapern (Glas)

  Auch sehr fein:

  2 Bund Rucola waschen und trockenschütteln, die Stiele entfernen. Vor dem Servieren auf die heiße Pizza Margherita streuen.

Fisch & Fleisch

Ausgezeichnete Qualität und Frische sind das Geheimnis der echten italienischen Küche. Greifen Sie zu, wenn Sie wirklich frischen Fisch bekommen, und verwöhnen Sie sich mit dem Livorneser Fischeintopf. Lassen Sie beim Fleisch die Supermarkt-Massenware möglichst liegen. Wählen Sie lieber Fleisch von Tieren aus artgerechter Haltung – es ist ungleich schmackhafter. Das hat zwar seinen Preis, doch halten Sie es wie die Italiener: für den Hunger einen Teller Pasta vorweg, danach zum Genießen eine kleine Portion Fisch oder Fleisch!

Blitzrezepte

Salbei-Schnitzel

Saltimbocca

FÜR 4 PERSONEN

➤ **8 dünne Kalbsschnitzel (à 80 g) | Salz Pfeffer | 4 Scheiben Parmaschinken 8 Salbeiblätter | 2 EL Olivenöl 100 ml Marsala (ersatzweise Kalbsfond) 8 kleine Holzspieße**

1 | Schnitzel beidseitig salzen und pfeffern. Je 1/2 Scheibe Schinken und 1 Salbeiblatt mit 1 Holzspießchen darauf feststecken.

2 | Öl erhitzen, Schnitzel darin auf jeder Seite 3 Min. braten, herausnehmen. Marsala in die Pfanne gießen, etwa 1 Min. köcheln lassen. Schnitzel wieder in die Pfanne geben, einmal wenden.

➤ Beilage: Safran risotto (Seite 30).

Seezunge mit Zitrone

Sogliola al limone

FÜR 4 PERSONEN

➤ **1/2 Bund Petersilie | 1 Frühlingszwiebel 4 küchenfertige Seezungenfilets | Salz weißer Pfeffer | 2 Zitronen | 3 EL Butter**

1 | Petersilie und Frühlingszwiebel waschen, fein hacken bzw. in feine Ringe schneiden. Fisch waschen, trockentupfen, salzen und pfeffern. Saft von 1 Zitrone auspressen, die zweite achteln.

2 | 2 EL Butter erhitzen. Fisch darin je Seite 2 Min. braten. Auf angewärmte Teller geben. Restliche Butter, Frühlingszwiebel, Petersilie und Zitronensaft in derselben Pfanne 1 Min. dünsten. Auf dem Fisch verteilen. Mit Zitronenachteln und Spinat mit Pinienkernen (Seite 11) servieren.

schnell

Meerbarben im Pergament

Triglie al cartoccio

FÜR 4 PERSONEN

- **4 große Meerbarben (à 250 g; küchenfertig)**
  Salz
  1 unbehandelte Zitrone
  1/2 Bund Petersilie
  4 TL Butter | 4 EL Olivenöl
  8 Blätter Pergamentpapier

Zubereitung: 15 Min.
Garzeit: 15 Min.
- Pro Portion ca.: 260 kcal

1 | Backofen mit einem Blech (Mitte) auf 200° vorheizen. Die Fische jeweils innen und außen waschen, mit Küchenpapier abtrocknen und salzen.

2 | Zitronenschale mit einem Zestenreißer abziehen, den Saft auspressen. Petersilie waschen und trockenschütteln, die Blätter fein hacken. Mit Zitronenzesten mischen, die Fische mit dieser Mischung und je 1 TL Butter füllen, eventuell außen bestreuen. Außen mit Zitronen saft beträufeln.

3 | Jeweils eine doppelte Lage Pergamentpapier mit 1 EL Öl einpinseln, je einen Fisch darauf legen. Pergamentpapier oben und an den Seiten durch Falzen fest verschließen. Die Päckchen auf das heiße Blech legen. Den Fisch im Backofen (Mitte, Umluft 180°) in 12–15 Min. garen. Im Päckchen servieren.

- Beilage: Fenchel mit Safran (Seite 10)

aus Ligurien

Stockfisch mit Tomaten

Baccalà al pomodoro

FÜR 4 PERSONEN

- **500 g Stockfisch (getrockneter Seefisch)**
  1 kg reife Tomaten
  1 Bund Petersilie
  4 Knoblauchzehen
  2 EL Mehl
  4 EL Olivenöl
  1 TL getrockneter Oregano
  Salz | Pfeffer

Zubereitung: 40 Min.
Zeit zum Wässern: 2 Tage
- Pro Portion ca.: 550 kcal

1 | Den Stockfisch 48 Std. in kaltem Wasser einlegen und dabei das Wasser alle 12 Std. wechseln.

2 | Den Stockfisch säubern, Haut und Gräten entfernen, in 8 Portionsstücke teilen. Stielansätze der Tomaten entfernen. Tomaten kurz überbrühen, häuten, entkernen und würfeln. Petersilie waschen und trockenschütteln, die Blätter hacken. Knoblauch schälen und fein würfeln.

3 | Die Fischstücke mit Küchenpapier abtrocknen, und in Mehl wenden. 2 EL Öl in einem Schmortopf erhitzen, den Fisch darin bei mittlerer Hitze von jeder Seite 3 Min. anbraten, dann herausnehmen.

4 | Restliches Öl in den Topf geben, Knoblauch und Petersilie darin 1 Min. anbraten. Tomaten und Oregano dazugeben, 5 Min. schmoren lassen, salzen und pfeffern. Fischstücke in die Sauce legen und 5 Min. mitschmoren.

- Beilage: Polenta (Seite 30) oder Salzkartoffeln

im Bild vorne: **Meerbarben im Pergament** *im Bild hinten:* **Stockfisch mit Tomaten** ➤

aus Sizilien

Couscous mit Meeresfrüchten

Cuscus ai frutti di mare

FÜR 6 PERSONEN

- **1 kg Meeresfrüchte (Muscheln, Garnelen, Tintenfischchen; frisch oder TK)**
- **3 EL Rosinen**
- **3 EL Marsala**
- **400 g Möhren**
- **400 g Kartoffeln**
- **400 g kleine Zucchini**
- **1 l kräftige Gemüsebrühe**
- **1 getrockneter Peperoncino**
- **1 kleine Dose Kichererbsen (240 g Abtropfgewicht)**
- **300 g Instant-Couscous**
- **Salz**

Zubereitung: 1 Std.
Pro Portion ca.: 455 kcal

1 | Die Meeresfrüchte abspülen und abtropfen lassen. Rosinen in Marsala einweichen.

2 | Möhren putzen, schälen, längs vierteln und in etwa 3 cm lange Stifte schneiden. Kartoffeln schälen und grob würfeln. Zucchini waschen, putzen, längs halbieren und in etwa 1 cm dicke Stücke schneiden. Brühe zum Kochen bringen, Peperoncino dazubröseln. Erst Möhren und Kartoffeln darin 10 Min. garen, dann Zucchini hinzufügen. Nach weiteren 5 Min. die Meeresfrüchte unterrühren und 10 Min. ziehen lassen.

3 | Kichererbsen abbrausen. Couscous nach Packungsangabe in 400 ml Salzwasser zubereiten, Kichererbsen und Rosinen mit Einweichflüssigkeit unterrühren. Auf einer großen Platte anrichten.

gelingt leicht

Livorneser Fischeintopf

Cacciucco alla livornese

FÜR 4 PERSONEN

- **1 kg gemischte Fischfilets und Meeresfrüchte (z. B. Seeteufel, Meerbarben, Seehecht, kleine Tintenfischchen, Garnelen)**
- **1 Zwiebel**
- **4 Knoblauchzehen**
- **1 Möhre**
- **1 Stange Staudensellerie**
- **6 EL Olivenöl**
- **1/8 l Rotwein**
- **500 g reife Tomaten**
- **1/2 l Fischfond**
- **1 getrockneter Peperoncino**
- **2 EL gehackte Petersilie**
- **Salz | 4 Scheiben Ciabatta**

Zubereitung: 50 Min.
Pro Portion ca.: 550 kcal

1 | Fisch waschen und in Stücke schneiden. Garnelen eventuell auslösen. Tintenfische säubern, Kopf und Chitinstab entfernen, Tintenfischtuben in Ringe schneiden.

2 | Zwiebel und Knoblauch schälen, beides fein hacken. Gemüse schälen bzw. putzen, klein würfeln. 4 EL Öl erhitzen, alles darin anbraten. Tintenfische und Rotwein zufügen, 10 Min. köcheln lassen.

3 | Tomaten häuten, entkernen und würfeln. Mit dem Fond in den Topf geben. Mit Peperoncino, Petersilie und Salz würzen. Fisch und Garnelen dazugeben und 10 Min. ziehen lassen. Ciabatta im übrigen Öl braten, in Teller legen, Eintopf darüber geben.

im Bild vorne: **Couscous mit Meeresfrüchten** *im Bild hinten:* **Livorneser Fischeintopf**

für Gäste

Kalbfleischrouladen

Involtini

FÜR 4 PERSONEN

- 8 dünne Kalbsschnitzel (à 80–100 g)
  Salz
  Pfeffer
  8 Scheiben Pancetta (etwa 80 g)
  8 getrocknete, in Öl eingelegte Tomaten
  4 EL kleine Kapern
  4 EL Parmesan, frisch gerieben
  2 EL Olivenöl
  150 ml Kalbsfond
  40 g eiskalte Butter
  kleine Holzspieße

Zubereitung: 45 Min.
- Pro Portion ca.: 505 kcal

1 | Die Schnitzel beidseitig leicht salzen und pfeffern. Jeweils mit 1 Scheibe Pancetta belegen. Tomaten abtropfen lassen, klein würfeln, mit den Kapern auf der Pancetta verteilen. Jede Roulade mit 1/2 EL Parmesan bestreuen, aufrollen und mit Holzspießchen feststecken.

2 | Das Öl in einer Pfanne erhitzen, die Involtini darin bei mittlerer Hitze von allen Seiten anbraten. Mit dem Fond ablöschen, zugedeckt bei schwacher Hitze 15 Min. schmoren lassen. Involtini herausnehmen, warm stellen. Die eiskalte Butter in die Sauce rühren (nicht mehr aufkochen lassen) und zu den Involtini servieren.

- Beilagen: Gefüllte Tomaten und Lorbeerkartoffeln (beide Seite 11)

schnell

Venezianische Kalbsleber

Fegato alla veneziana

FÜR 4 PERSONEN

- 2 große Zwiebeln
  600 g Kalbsleber
  2 EL Butter
  2 EL Olivenöl
  50 ml trockener Marsala (ersatzweise Brühe)
  Salz | Pfeffer
  2 EL gehackte Petersilie

Zubereitung: 20 Min.
- Pro Portion ca.: 300 kcal

1 | Die Zwiebeln schälen, halbieren und in feine Streifen schneiden. Die Leber von Sehnen und Häutchen befreien und in etwa 5 mm dünne Scheibchen schneiden.

2 | In einer Pfanne je 1 EL Butter und Öl erhitzen. Die Zwiebeln darin bei mittlerer Hitze in 5 Min. goldbraun braten, dabei gelegentlich umrühren. Herausnehmen und warm halten.

3 | Restliche Butter und übriges Öl in derselben Pfanne erhitzen, die Leber darin unter Rühren bei mittlerer Hitze von allen Seiten anbraten. Marsala und Zwiebeln dazugeben, alles 2 Min. schmoren. Mit Salz und Pfeffer würzen und mit Petersilie bestreut servieren.

- Beilage: Polentataler (Seite 30)

- Variante:
  Leber mit Salbei
  Die Leber mit einigen in Streifen geschnittenen Salbeiblättern anbraten. Oder die Leber ohne Zwiebeln, nur in Butter, mit 8–10 Salbeiblättern braten.

im Bild vorne: **Kalbfleischrouladen** *im Bild hinten:* **Venezianische Kalbsleber** ➤

für Gäste

Kaninchen in Tomatensauce

Coniglio in umido

FÜR 4 PERSONEN

- 1 Kaninchen (ca. 1,5 kg)
  Salz | Pfeffer
  1 Zwiebel
  2 Knoblauchzehen
  1 Möhre
  1 Stange Staudensellerie
  3 EL Olivenöl
  1/4 l Weißwein
  400 g stückige Tomaten (Dose)
  3 Zweige Thymian
  2 Lorbeerblätter

Zubereitung: 30 Min.
Garzeit: 45 Min.
- Pro Portion ca.: 600 kcal

1 | Kaninchen in 8–10 Stücke zerteilen, salzen und pfeffern. Zwiebel und Knoblauch schälen, beides fein hacken. Möhre und Sellerie waschen und schälen bzw. putzen und klein würfeln.

2 | Das Öl in einem Schmortopf erhitzen, die Kaninchenteile darin bei mittlerer Hitze von allen Seiten goldbraun anbraten, herausnehmen. Zwiebel, Knoblauch und Gemüse im Bratfett 2 Min. anbraten. Mit Wein ablöschen und bei schwacher Hitze 5 Min. köcheln lassen.

3 | Tomaten unterrühren. Mit Thymianzweigen, Lorbeerblättern, Salz und Pfeffer würzen. Die Fleischstücke wieder einlegen und zugedeckt bei schwacher Hitze 45 Min. schmoren lassen.

- Beilage: Bandnudeln oder Ciabatta

gelingt leicht

Rosmarinhähnchen

Pollo al rosmarino

FÜR 4 PERSONEN

- 1 Brathähnchen (ca. 1,5 kg)
  Salz | Pfeffer
  2 Zweige Rosmarin
  2 Knoblauchzehen
  80 g Butter

Zubereitung: 15 Min.
Garzeit: 1 Std. 10 Min.
- Pro Portion ca.: 610 kcal

1 | Das Hähnchen waschen und abtrocknen, innen und außen kräftig salzen und pfeffern.

2 | Rosmarin waschen, die Nadeln von den Zweigen streifen und fein hacken. Knoblauch schälen und dazupressen. Beides mit der Butter verkneten.

3 | Den Backofen auf 200° vorheizen. Die Haut über der Hähnchenbrust ablösen (die Haut darf nicht reißen!), dabei vorsichtig mit den Fingern immer weiter vordringen. Die Rosmarinbutter unter der Haut auf der Brust verteilen. Das Hähnchen mit der Brust nach oben auf den Bratrost setzen und im Backofen (unten, Umluft 180°) 60–70 Min. braten.

TIPP Durch die Butter unter der Haut erübrigt sich das Begießen, das Fleisch wird zart und saftig! Für die Beilage 1 kg Kartoffelspalten in die Fettpfanne darunter geben – sie saugen sich mit dem würzigen Bratensaft voll. Am Ende nur noch salzen.

im Bild vorne: **Kaninchen in Tomatensauce** *im Bild hinten:* **Rosmarinhähnchen**

für Feinschmecker

Lammkoteletts mit Balsamico-Zwiebeln

Costolette di agnello

FÜR 4 PERSONEN

- **500 g rote Zwiebeln**
  1 Knoblauchzehe
  5 EL Olivenöl
  50 ml Aceto balsamico
  1 EL Honig
  Salz | Pfeffer
  1 Zweig Rosmarin
  12 Lammkoteletts (à 60 g)

◷ Zubereitung: 30 Min.
- Pro Portion ca.: 685 kcal

1 | Zwiebeln schälen, längs halbieren und in Spalten schneiden. Knoblauch schälen. 3 EL Öl erhitzen, die Zwiebeln darin bei mittlerer Hitze 8 Min. anbraten. Mit Essig ablöschen und 5 Min. bei schwacher Hitze köcheln lassen. Den Honig hinzufügen und alles weitere 2 Min. köcheln lassen. Mit Salz und Pfeffer abschmecken.

2 | In einer großen Pfanne 1 EL Öl erhitzen. Knoblauch zerdrücken und mit dem Rosmarinzweig in die Pfanne geben. 6 Lammkoteletts darin bei mittlerer Hitze auf jeder Seite 2 Min. braten. Salzen, pfeffern und warm halten. Im übrigen Öl die restlichen Koteletts braten. Mit den Balsamico-Zwiebeln servieren.

- Beilage: Rosmarinkartoffeln (Seite 11)

TIPP
Stielkoteletts garen schnell und sehen hübsch aus: Kaufen Sie diese in türkischen Läden (da ist es so üblich), oder lassen Sie die Knochen vom Metzger freischaben.

römische Spezialität

Geschmortes Milchlamm

Abbacchio alla romana

FÜR 6 PERSONEN

- **2 ausgelöste Milchlammschultern (à 400 g, beim Metzger vorbestellen)**
  Salz | Pfeffer
  1 EL Mehl
  6 Sardellenfilets
  2 Knoblauchzehen
  1 Zweig Rosmarin
  5 Zweige Thymian
  1 Stängel Salbei
  3 EL Olivenöl
  5 EL Weißweinessig

◷ Zubereitung: 15 Min.
◷ Garzeit: 45 Min.
- Pro Portion ca.: 210 kcal

1 | Das Fleisch in 6–8 Stücke schneiden, salzen, pfeffern und in Mehl wenden. Die Sardellenfilets fein hacken, den Knoblauch schälen und dazupressen. Die Kräuter waschen, Blätter und Nadeln grob hacken.

2 | Das Öl in einem Schmortopf erhitzen. Die Fleischstücke darin bei mittlerer Hitze von allen Seiten braun anbraten. Sardellen, Knoblauch und Kräuter darüber streuen und unter Wenden weiterbraten.

3 | Den Essig mit der doppelten Menge Wasser mischen, angießen. Das Lamm zugedeckt bei schwacher Hitze 45 Min. schmoren lassen.

- Beilagen: Erbsen und Kartoffeln

im Bild vorne: **Lammkoteletts mit Balsamico-Zwiebeln** *im Bild hinten:* **Geschmortes Milchlamm** ➤

schmeckt auch kalt

Gefüllter Schweinebraten

Porchetta

FÜR 6 PERSONEN

- **1 kg Jungschweineschulter (ohne Schwarte, vom Metzger eine Tasche einschneiden lassen)**
- **Salz | Pfeffer**
- **4 Zweige Rosmarin**
- **5 Knoblauchzehen**
- **4 EL Olivenöl**
- **1 Zwiebel**
- **Küchengarn**

Zubereitung: 15 Min.
Garzeit: 1 Std. 30 Min.
Pro Portion ca.: 240 kcal

1 | Das Fleisch innen und außen salzen und pfeffern. Von 2 Rosmarinzweigen die Nadeln abstreifen und hacken. Knoblauch schälen und halbieren. Beides in der Tasche verteilen, mit Garn zu einer Rolle binden.

2 | Den Backofen auf 200° vorheizen. Das Öl in einem Bräter erhitzen und das Fleisch darin bei mittlerer Hitze rundherum anbraten.

3 | Zwiebel schälen, achteln, mit dem übrigen Rosmarin dazugeben. 1 Tasse Wasser angießen. Im Ofen (unten, Umluft 180°) 1 Std. 30 Min. braten, nach 45 Min. wenden. Gelegentlich mit Bratfond begießen und bei Bedarf etwas Wasser aufgießen.

4 | Den Braten herausnehmen, zugedeckt 10 Min. ruhen lassen. Bratensatz mit etwas Wasser loskochen und durchsieben. Braten in Scheiben und mit Sauce servieren.

Beilagen: Lorbeerkartoffeln und Gefüllte Tomaten (beide Seite 11)

aus dem Piemont

Schmorbraten in Rotwein

Brasato al vino rosso

FÜR 8 PERSONEN

- **100 g grüner Speck (ersatzweise Pancetta)**
- **2 Zwiebeln | 2 Möhren**
- **2 Stangen Staudensellerie**
- **2 EL Öl**
- **1,5 kg Rinderbraten (Nuss oder Oberschale)**
- **1 Lorbeerblatt**
- **3 Zweige Rosmarin**
- **2 Stängel Salbei**
- **Salz | Pfeffer**
- **375 ml kräftiger Rotwein (z. B. Barolo)**
- **400 ml Rinderfond**

Zubereitung: 15 Min.
Garzeit: 2 Std.
Pro Portion ca.: 380 kcal

1 | Den Speck klein würfeln. Zwiebeln schälen und fein hacken. Möhren und Sellerie waschen, schälen bzw. putzen und klein schneiden.

2 | Öl und Speck erhitzen, den Braten darin rundherum anbraten. Gemüse zufügen und anbraten, die Kräuter einlegen. Alles kräftig salzen und pfeffern, den Wein angießen. Zugedeckt bei schwacher Hitze etwa 2 Std. schmoren lassen, dabei nach und nach den Fond angießen.

3 | Braten herausnehmen, zugedeckt 10 Min. ruhen lassen. Sauce durchsieben, mit Fleischscheiben servieren.

Beilagen: Salat mit Pinienkernen (Seite 10) und Gegrillte Polentarauten (Seite 30)

GARANTIE
SOLINGEN

Desserts

Zum Abschluss des Menüs Lust auf etwas Süßes? In Italien genießt man häufig frische, aromatische Früchte der Saison, bevor man zum Espresso oder Digestif übergeht. Wer gehaltvollen Dolci schwer widerstehen kann, wählt Panna cotta, Zabaione oder Tiramisu. Zu festlichen Gelegenheiten in größerer Runde sollten Sie Ihre Gäste unbedingt einmal mit einer Zuppa inglese oder Crostata di ricotta überraschen – die Mühe lohnt sich!

Blitzrezepte

Zabaione

FÜR 4 PERSONEN

➤ **4 sehr frische Eigelbe | 2 EL Zucker
1 Msp. Salz | 50 ml Marsala**

1 | Eigelbe, Zucker und Salz in ein hohes Aufschlaggefäß geben. Im heißen (nicht kochenden!) Wasserbad 3 Min. mit dem Handrührgerät schaumig schlagen. Marsala langsam unterschlagen. In Kelchgläser oder Desserschalen füllen und sofort servieren, eventuell Cantucci (Seite 58) dazu reichen.

➤ Variante: Für **Eis mit Mokka-Zabaione** 2 Eigelbe mit 1 EL Zucker schaumig rühren, 50 ml Amaretto und 1 Tässchen starken Espresso unterschlagen. Die Zabaione über je 2 Kugeln Walnuss- oder Vanilleeis geben.

Balsamico-Erdbeeren

Fragole all'aceto balsamico

FÜR 4 PERSONEN

➤ **500 g Erdbeeren | 50 ml Aceto balsamico | 1 EL Honig | Pfeffer aus der Mühle**

1 | Die Erdbeeren vorsichtig waschen, putzen und je nach Größe halbieren oder vierteln. Die Beeren in 4 Dessertschälchen oder Gläsern verteilen.

2 | Aceto balsamico erwärmen, den Honig dazugeben, 1 Min. einköcheln, dann abkühlen lassen.

3 | Die Erdbeeren damit beträufeln, mit etwas Pfeffer übermahlen und servieren.

macht was her

Panna cotta

FÜR 4 PERSONEN

- **4 Blatt weiße Gelatine**
  500 g Sahne
  3 EL Zucker
  1 Vanilleschote
  2 Orangen
  1 Granatapfel
  20 g Butter

Zubereitung: 25 Min.
Kühlzeit: 2 Std.
➤ Pro Portion ca.: 520 kcal

1 | Gelatine in kaltem Wasser einweichen. Sahne mit 2 EL Zucker erhitzen. Vanilleschote längs aufschneiden, das Mark herauskratzen und dazugeben. Die Sahne 3 Min. köcheln lassen. Vom Herd nehmen, Gelatine ausdrücken und darin unter Rühren auflösen. In 4 Förmchen (à 1/8 l Inhalt) füllen und im Kühlschrank in mindestens 2 Std. fest werden lassen.

2 | Orangen bis ins Fruchtfleisch schälen, die Fruchtfilets herausschneiden, dabei den Saft auffangen. Den Granatapfel halbieren, Kerne herauslösen und den Saft ebenfalls auffangen.

3 | Die Butter und den restlichen Zucker in einer Pfanne erhitzen und karamellisieren lassen. Mit Orangen- und Granatapfelsaft ablöschen und bei großer Hitze dickflüssig einkochen lassen. Die Orangenfilets darin kurz erwärmen.

4 | Panna cotta mit einem Messer vom Förmchenrand lösen, auf Dessertteller stürzen, mit Orangenfilets und Sauce umlegen, Granatapfelkerne darüber streuen.

gelingt leicht

Tiramisu

FÜR 6 PERSONEN

- **200 g Sahne**
  3 sehr frische Eigelbe
  3 EL Puderzucker
  250 g Mascarpone
  200 ml starker Espresso
  50 ml Mandellikör (z. B. Amaretto)
  50 ml Vecchia Romagna (ersatzweise Weinbrand)
  200 g Löffelbiskuits
  2 EL Kakaopulver

Zubereitung: 25 Min.
Kühlzeit: 4 Std.
➤ Pro Portion ca.: 530 kcal

1 | Sahne steif schlagen. Eigelbe und Puderzucker in 5 Min. cremig schlagen. Den Mascarpone unterrühren, dann die Sahne unterheben.

2 | Espresso, Mandellikör und Vecchia Romagna in einer flachen Schale vermischen. 2 EL Creme auf dem Boden einer rechteckigen Form (ca. 15 x 25 cm) verstreichen. Löffelbiskuits jeweils 1 Sek. in die Espressomischung tauchen und dicht an dicht in die Form legen.

3 | Die Hälfte der Creme darauf verteilen. Die übrigen Biskuits tränken, darauf einschichten und mit der restlichen Creme abdecken. Mit einem Löffel dekorative Dellen in die Oberfläche drücken. Zugedeckt 4 Std. kalt stellen. Vor dem Servieren dick mit Kakaopulver bestäuben.

➤ Variante: Wer Kalorien sparen möchte, ersetzt die Hälfte des Mascarpone durch Cremequark mit 0,2 % Fettgehalt.

im Bild vorne: **Panna cotta** *im Bild hinten:* **Tiramisu** ➤

für Festtage

Zuppa inglese

FÜR 8 PERSONEN

➤ **Für den Biskuit:**
5 Eier | Salz
150 g Zucker
150 g Mehl
25 g flüssige Butter

➤ **Für die Füllung:**
1/2 l Milch
1 Vanilleschote
3 Eigelbe
2 Eier | 150 g Zucker
250 g Ricotta
50 g Zartbitter-Schokolade
150 g kandierte Früchte (z. B. Orangeat, Zitronat)
100 ml Alchermes (italienischer Kräuterlikör, ersatzweise Rum)
200 g Sahne
1 Päckchen Sahnesteif
Fett für die Form

Zubereitung: 2 Std.
Kühlzeit: 4 Std.
➤ Pro Portion ca.: 590 kcal

1 | Den Backofen auf 200° vorheizen. Eine große feuerfeste Form einfetten. Die Eier trennen. Eiweiße mit 1 Prise Salz sehr steif schlagen. Eigelbe und Zucker in 10 Min. cremig schlagen. Mehl und Butter unterrühren. Eischnee löffelweise unterheben. Teig in die Form füllen, im Ofen (Mitte, Umluft 180°) 30 Min. backen. Abkühlen lassen.

2 | Milch erwärmen. Vanilleschote längs aufschneiden, das Mark dazukratzen. Eigelbe, Eier und Zucker schaumig schlagen. Heiße Vanillemilch untermischen. Die Mischung in den Topf geben und unter ständigem Rühren bis kurz unter dem Siedepunkt erhitzen und dickcremig werden lassen. Abkühlen lassen.

3 | Ricotta und Eiercreme verrühren. Schokolade klein hacken, kandierte Früchte würfeln (einige beiseite legen), beides untermischen.

4 | Biskuit in Streifen schneiden. Eine Schüssel damit auslegen, mit Likör beträufeln. Die Hälfte der Creme darauf streichen. Übrige Biskuitstreifen und Creme einschichten, mit Biskuit abschließen.

5 | Sahne mit Sahnesteif aufschlagen, in einen Spritzbeutel füllen und dekorativ auf die Zuppa inglese spritzen. Mit den übrigen kandierten Früchten verzieren. Im Kühlschrank 4 Std. ziehen lassen.

gelingt leicht

Rotweinbirnen

Pere al vino rosso

FÜR 4 PERSONEN

➤ **4 reife Birnen**
Saft von 1/2 Zitrone
1 EL Zucker
Schale von 1/2 unbehandelten Orange
1/2 l Rotwein

Zubereitung: 30 Min.
➤ Pro Portion ca.: 185 kcal

1 | Birnen im Ganzen schälen, den Stiel nicht entfernen. Mit Zitronensaft einreiben.

2 | Birnen aufrecht in einen engen Topf stellen, Zucker, Orangenschale und so viel Rotwein hinzufügen, bis die Birnen ganz im Rotwein stehen. Einmal aufkochen lassen, dann 15 Min. ziehen lassen. Lauwarm servieren.

➤ Beilage: Vanillesahne oder lauwarme Zabaione (Seite 51)

im Bild vorne: **Zuppa inglese** *im Bild hinten:* **Rotweinbirnen** ➤

für Gäste

Ricottakuchen

Crostata di ricotta

FÜR 1 SPRINGFORM
(26 CM Ø; 10 STÜCKE)

➤ **Für den Teig:**
150 g kalte Butter
300 Mehl
150 g Zucker
1 Prise Salz
1 Ei
1 Eigelb

➤ **Für die Füllung:**
3 Eier
3 EL Zucker
1 Päckchen Vanillezucker
1 EL Mehl
1/4 l Milch
250 g Ricotta
je 1 EL gehacktes Zitronat und Orangeat

➤ **Außerdem:**
2 EL Pinienkerne
1 EL Puderzucker

Zubereitung: 1 Std.
Backzeit: ca. 40 Min.
➤ Pro Stück ca.: 425 kcal

1 | Die Butter in kleine Würfel schneiden. Mit Mehl, Zucker, Salz, Ei und Eigelb schnell zu einem glatten Teig verkneten. Den Teig in Klarsichtfolie wickeln und 30 Min. in den Kühlschrank stellen.

2 | Inzwischen die Eier trennen, Eigelbe, Zucker, Vanillezucker und Mehl in einem Topf verrühren und erwärmen. Langsam Milch zugießen und unter Rühren bis knapp unter den Siedepunkt erhitzen. Abkühlen lassen.

3 | Eiweiße steif schlagen. Ricotta mit der Milchcreme, Zitronat und Orangeat verrühren, Eischnee unterheben.

4 | Backofen auf 180° vorheizen. Etwas mehr als die Hälfte des Teiges ausrollen, in die Form legen, dabei einen Rand (etwa 3 cm) hochziehen. Die Ricottacreme einfüllen. Restlichen Teig ausrollen, die Creme damit abdecken, am Rand zusammendrücken. Pinienkerne darauf verteilen, leicht andrücken. Im Backofen (Mitte, Umluft 160°) 40 Min. backen. Abkühlen lassen, mit Puderzucker bestäuben und in 10 Stücke schneiden.

➤ Variante:

Aprikosen-Crostata

Abgeriebene Schale von 1 unbehandelten Zitrone und 1 Päckchen Vanillezucker unter den Teig mischen. Ein kleines Blech (40 x 25 cm) einfetten, mit drei Vierteln des Teiges auskleiden, dabei einen kleinen Rand hochziehen. 450 g Aprikosenmarmelade darauf verstreichen. Den restlichen Teig ausrollen, in Streifen schneiden, und diese gitterförmig darauf legen. 1 Eigelb verquirlen, das Gitter damit bestreichen. Im Backofen bei 180° (Mitte, Umluft 160°) 30 Min. backen.

erfrischend

Kaffeesorbet

Granita di caffè

FÜR 4 PERSONEN

- **4 EL Zucker**
  400 ml starker Espresso
  100 g Sahne

Zubereitung: 20 Min.
Kühlzeit: 2 Std.
Pro Portion ca.: 140 kcal

1 | Eine Schüssel (am besten aus Metall) ins Tiefkühlfach stellen.

2 | 1/2 l Wasser mit dem Zucker in einen Topf geben und 5 Min. sprudelnd kochen, dann den Sirup abkühlen lassen.

3 | Espresso und Zuckersirup mischen, in die Schüssel füllen und 2 Std. ins Tiefkühlfach stellen. Alle 30 Min. mit einer Gabel durchrühren, um Luft unterzuschlagen.

4 | Sahne steif schlagen. Die Granita mit einem angewärmten Löffel in Stielgläsern verteilen und jeweils mit einem Klecks Sahne verzieren.

TIPP Granita di caffè ist ein feines, sommerliches Dessert. In Sizilien wird sie auch oft mit einer Brioche bereits zum Frühstück genossen.

knusprig

Mandelkekse

Cantucci

FÜR CA. 75 STÜCK

- **250 g Mandeln**
  3 Eier
  3 Eigelbe
  150 g Zucker
  1 Prise Salz
  1 unbehandelte Orange
  400 g Mehl
  1 TL Backpulver

Zubereitung: 30 Min.
Backzeit: ca. 30 Min.
Pro Stück ca.: 50 kcal

1 | Den Backofen auf 150° vorheizen. Die Mandeln auf ein Blech geben, 5 Min. rösten und abkühlen lassen.

2 | Eier, Eigelbe, Zucker und Salz cremig schlagen. Orange waschen und abtrocknen. Die Schale abreiben und hinzufügen. Mehl und Backpulver unterrühren, auf der Arbeitsfläche mit den Händen zu einem weichen Teig verkneten.

3 | Backofen auf 200° (Umluft 180°) vorheizen. Die Mandeln unter den Teig kneten, diesen in 3 Teile teilen. Aus jedem ein längliches Brot von etwa 5 cm Breite und etwa 2 cm Höhe formen. Auf ein mit Backpapier belegtes Blech legen. Im Backofen (Mitte) 20 Min. backen.

4 | Die Brote mit einem scharfen Messer in etwa 1 cm breite Scheiben schneiden, mit der Schnittfläche aufs Blech legen und im Ofen bei 150° (Umluft 130°) weitere 10 Min. trocknen lassen.

TIPP Die Cantucci werden meist zum Vin santo gereicht (und eingetunkt), schmecken aber auch vorzüglich zur Latte macchiato oder zum Cappuccino.

im Bild links: **Kaffeesorbet** *im Bild rechts:* **Mandelkekse** ➤

Zum Gebrauch

Damit Sie Rezepte mit bestimmten Zutaten noch schneller finden können, stehen in diesem Register zusätzlich auch beliebte Zutaten wie **Tomaten** oder **Spinat** – ebenfalls alphabetisch geordnet und **halbfett** gedruckt – über den entsprechenden Rezepten.

A

B

C

E

F

G

H

K

L

Die Autorin

Margit Proebst, Jahrgang 1957, studierte Kunstgeschichte und Philosophie in München. Daneben baute sie einen kleinen Partyservice auf, und von Zeit zu Zeit übernimmt sie Aufträge als Foodstylistin. Die Liebe zur Kunst – und zum guten Essen führt sie regelmäßig auf ausgedehnte Reisen, bevorzugt durch Italien, Spanien und Frankreich, wodurch auch ihre Sammlung an Rezepten und Kochbüchern kontinuierlich wächst. Seit 1999 arbeitet sie als Kochbuchautorin in München.

Der Fotograf

Jörn Rynio arbeitet als Fotograf in Hamburg. Zu seinen Auftraggebern gehören nationale und internationale Zeitschriften, Buchverlage und Werbeagenturen. Aus seinem Studio stammen alle Rezeptfotos in diesem Band. Tatkräftig unterstützt wurde er dabei von seiner Foodstylistin Martina Mehldau.

Bildnachweis

S. 4, 5: Wolf Heider,
alle anderen: Jörn Rynio

Gedruckt auf Primasilk 130 g/qm holzfrei matt gestrichen Bilderdruck, made by StoraEnso, geliefert von der Papier Union

Hinweis

Die Temperaturstufen bei Gasherden variieren von Hersteller zu Hersteller. Welche Stufe Ihres Herdes der jeweils angegebenen Temperatur entspricht, entnehmen Sie bitte der Gebrauchsanweisung.

Programmleitung:
Doris Birk
Leitende Redakteurin:
Birgit Rademacker
Redaktion:
Tanja Dusy
Lektorat: Redaktionsbüro
Maryna Zimdars, München
Layout, Typografie und Umschlaggestaltung:
Independent Medien Design, München
Satz:
Verlagssatz Lingner
Herstellung:
Gloria Pall
Reproduktion:
Repro Ludwig, Zell am See
Druck und Bindung:
Kaufmann, Lahr

ISBN 3-7742-6597-6

Auflage	5.	4.	3.	2.	1.
Jahr	2008	07	06	05	04

GRÄFE UND UNZER
Ein Unternehmen der
GANSKE VERLAGSGRUPPE

DAS ORIGINAL · GU · MIT GARANTIE

Das Original mit Garantie

Ihre Meinung ist uns wichtig. Deshalb möchten wir Ihre Kritik, gerne aber auch Ihr Lob erfahren. Um als führender Ratgeberverlag für Sie noch besser zu werden. Darum: Schreiben Sie uns! Wir freuen uns auf Ihre Post und wünschen Ihnen viel Spaß mit Ihrem GU-Ratgeber.

Unsere Garantie: Sollte ein GU-Ratgeber einmal einen Fehler enthalten, schicken Sie uns das Buch mit einem kleinen Hinweis und der Quittung innerhalb von sechs Monaten nach dem Kauf zurück. Wir tauschen Ihnen den GU-Ratgeber gegen einen anderen zum gleichen oder ähnlichen Thema um.

GRÄFE UND UNZER VERLAG
Redaktion
Kochen & Verwöhnen
Postfach 86 03 25
81630 München
Fax: 089/41981-113
e-mail: leserservice@graefe-und-unzer.de

GU KÜCHENRATGEBER

Neue Rezepte für den großen Kochspaß

ISBN 3-7742-4899-0

ISBN 3-7742-5435-4

ISBN 3-7742-6061-3

ISBN 3-7742-6332-9

ISBN 3-7742-4894-X

ISBN 3-7742-5725-6

64 Seiten, 7,50 € [D]

Das macht die GU Küchenratgeber zu etwas Besonderem:

- *Rezepte mit maximal 10 Hauptzutaten*
- *Blitzrezepte in jedem Kapitel*
- *alle Rezepte getestet*
- *Geling-Garantie durch die 10 GU-Erfolgstipps*

G|U

Gutgemacht. Gutgelaunt.

VORRÄTE

- Das sollten Sie immer zu Hause haben:
  - ein Sortiment Ihrer Lieblingsnudeln
  - Olivenöl und Knoblauch
  - stückige Tomaten (Dose)
  - ein Stück frischen Parmesan
  - Kräuter (frisch oder getrocknet)

  ... und ein paar Flaschen Wein.

Geling-Garantie für italienische Klassiker

DIE RICHTIGEN MENGEN

- Als Primo piatto innerhalb eines Menüs sollten Sie 60–80 g Nudeln (je nach Gehalt der Sauce), 40–50 g Reis oder 80–100 g Gnocchi rechnen.
- Als Hauptgericht mit einem Salat brauchen Sie jeweils 100–120 g Nudeln, 60–80 g Reis und etwa 150–200 g Gnocchi.

NUDELN KOCHEN

- Nudeln brauchen Platz im Topf: Pro 100 g Nudeln 1 l Wasser und 1 TL Salz rechnen.
- Nudeln abgießen, mit 1 EL Öl vermischen und in eine angewärmte Schüssel geben.
- Dauert es länger, Nudeln mit 1 EL Öl vermischen, auf einem Blech abkühlen lassen. Mit Parmesan bestreut bei 120° in 5 Min. aufwärmen.

PESTO (REZEPT SEITE 25)

- Basilikum mal durch Bärlauch oder Rucola, Parmesan durch Pecorino ersetzen.
- Im Schraubglas, mit etwas Öl bedeckt, hält es sich über Wochen im Kühlschrank.
- Pesto eignet sich auch als Aufstrich für Crostini, als Füllung für Rouladen, zum Einlegen von Mozzarella oder als Topping auf Spargel oder grünen Bohnen.